Sommes-nous encore en démocratie ?

De la même auteure

Délivrez-nous du Bien ! (avec Jean-Michel Quatrepoint), Éditions de l'Observatoire, 2018 ; J'ai lu, 2020.

Changer la vie. Pour une reconquête démocratique, Éditions de l'Observatoire, 2017.

Chrétiens français ou Français chrétiens, avec Fabrice Hadjadj et Don Paul Préaux, Salvator, 2017.

Bienvenue dans le pire des mondes, avec le comité Orwell, Plon, 2016 ; J'ai lu, 2018.

Nous sommes la France, Plon, 2015 ; J'ai lu, 2016.

Ce pays qu'on abat. Chroniques 2009-2014, Plon, 2014 ; Points, 2015.

Le pire est de plus en plus sûr. Enquête sur l'école de demain, Mille et une nuits, coll. « Essai », 2011.

L'Homme est l'avenir de la femme. Autopsie du féminisme contemporain, J.-C. Lattès, 2008.

M(me) le Président, si vous osiez... 15 mesures pour sauver l'école, Mille et une nuits, coll. « Essai », 2007.

Nos enfants gâchés. Petit traité sur la fracture générationnelle, J.-C. Lattès, 2005.

Natacha Polony

Sommes-nous encore en démocratie ?

Éditions de
L'Observatoire

ISBN : 979-10-329-0979-9
Dépôt légal : 2021, février

170 *bis*, boulevard du Montparnasse, 75014 Paris

Il y a eu la sidération. Puis l'espoir, le temps d'un été, que tout allait rapidement rentrer dans l'ordre. Puis de nouveau la peur pour les uns, la catastrophe pour les autres, un reconfinement, des mesures erratiques, le sentiment d'injustice, la révolte. Et le retour de tous les débats qui nous agitaient auparavant, la mise à nu des fractures qui travaillaient déjà les sociétés occidentales. Le traitement de l'épidémie de coronavirus par les gouvernements démocratiques ne saurait se résumer, comme certains l'ont prétendu, à l'instauration d'une « dictature sanitaire ». Pour autant, il a posé avec encore plus d'acuité une question brûlante, tellement brûlante que certains s'emploient à la placer prudemment au congélateur : sommes-nous encore en démocratie ?

Le fait même de poser la question est louche. Voire indécent. Mais savez-vous ce que c'est que le contraire de la démocratie ? C'est la dictature, c'est le totalitarisme, ce sont les camps, les emprisonnements arbitraires, l'élimination des opposants. Du coup, si ce n'est pas l'un, c'est l'autre. Nous sommes donc en démocratie. CQFD. Fermez le ban. Question suivante.

Voilà à peu près l'état du débat en France. C'est d'ailleurs à ça que l'a résumé Emmanuel Macron en s'exprimant auprès de quelques journalistes le jeudi 23 janvier 2020, avant le coronavirus, avant le confinement, avant le supposé « nouveau monde » : « Aujourd'hui s'est installée dans notre société – et de manière séditieuse, par des discours politiques extraordinairement coupables – l'idée que nous ne serions plus dans une démocratie, qu'une forme de dictature se serait installée. Mais allez en dictature ! Une dictature, c'est un régime où une personne ou un clan décide des lois. Une dictature, c'est un régime où on ne change pas les dirigeants, jamais. Si la France, c'est cela, essayez la dictature et vous verrez ! La dictature, elle justifie la haine. La dictature, elle justifie la violence pour en sortir. Mais il y a en démocratie un principe fondamental : le respect de l'autre, l'interdiction de la violence, la haine à combattre. » Il y a blanc, il y a noir, choisis ton camp, camarade !

Depuis, des régimes démocratiques ont limité drastiquement la liberté de circulation – pour la bonne cause, bien entendu, sauver des vies – et bloqué l'ensemble de l'économie, provoquant faillites, défaut de soins et souffrance psychique. On s'est interrogé sur la manière de faire accepter un vaccin, obligation, QR code offrant une priorité d'accès à certains lieux... Le tout, pour ce qui concerne la France, après des réunions d'un conseil de défense dont l'avantage est que ses délibérations relèvent du secret-défense et que ses membres ne sont pas responsables devant l'Assemblée nationale. Mais peu importe. Puisque ceux qui contestent, ceux qui s'interrogent seulement, sont des irresponsables indifférents à la mort de pauvres gens ou de dangereux complotistes. Des ennemis de la démocratie, donc. Même quand ils s'interrogent sur l'état de la démocratie.

Car s'interroger sur l'état de la démocratie, c'est avoir quelque chose en tête. Quelque chose d'inavouable. Un autre modèle à imposer. Forcément un régime autoritaire, puisque encore une fois, il n'y a rien d'autre. Pas d'alternative. Critiquer la façon dont s'organise la démocratie en France et dans les pays occidentaux, c'est lorgner vers la Russie – c'est d'ailleurs une règle, que nous rabâchent les commentateurs avisés : quand quelque chose ne tourne pas rond en Occident, c'est un coup des Russes... (Il faut dire qu'il se trouve, très à droite ou très à gauche de l'échiquier politique, des gens qui s'emploient à justifier l'accusation en confondant réflexion géopolitique sur l'indépendance stratégique de la France et admiration malsaine pour ce grand démocrate qu'est Vladimir Poutine. La juste mesure est la chose du monde la moins bien partagée.)

Donc, tout va pour le mieux dans le meilleur des mondes possible. Nos « vieilles démocraties » – comprenez tellement vieilles et installées qu'il n'est absolument pas nécessaire de s'interroger sur leur évolution – sont certes confrontées à une crise sans précédent, mais dont l'unique coupable est un virus. Et elles ont tenu. À coups de dette, en massacrant certains (les petits, les indépendants, ces incarnations du monde ancien), en accélérant un mouvement déjà lancé, celui de l'adaptation à la « modernité », au « monde qui bouge », et qui désormais bouge en virtuel, en réunion Zoom ou Teams, depuis un canapé. Pays désindustrialisé, de plus en plus dépendant du tourisme, fondant son identité sur une sociabilité bannie par l'impératif sanitaire, la France était l'un des pays les plus fragiles face à cette crise. Mais l'avantage immense, c'est que ces déséquilibres ont à partir de maintenant une cause. Trente ans d'incurie des gouvernants de tous bords lavés à coups de gel hydroalcoolique... Et le monde se relèvera, en profitant même pour traiter avec plus de lucidité l'« urgence climatique », puisque dans le nouveau monde, nous sommes tous verts, l'élection de Joe Biden ayant permis de rassembler les « grandes démocraties » autour d'un objectif commun à peine contrarié par l'indécrottable incapacité des peuples à changer leurs habitudes.

Bien évidemment, il existe une ombre à ce tableau idyllique. Cela s'appelle le « populisme ». Le populisme est ce fléau qui fait que les citoyens des démocraties votent mal, que parfois même ils expriment leur colère dans la rue, et qu'ils nourrissent vis-à-vis des institutions de nos belles démocraties une défiance aussi déplorable qu'inexplicable. Le populisme, ce sont les délires de gens qui ont pris le Pr Raoult pour un gourou parce qu'il attaquait la bureaucratie sanitaire. Le populisme, c'est à la fois le soubresaut Trump, le Brexit, La France insoumise et le Rassemblement national, l'AFD en Allemagne, la Ligua en Italie, c'est la critique des traités de libre-échange quand Emmanuel Macron les trouve formidables, et c'est la politique de Jair Bolsonaro quand elle permet à Emmanuel Macron de dénoncer le traité de libre-échange avec le Mercosur pour satisfaire l'opinion. Le populisme donne lieu à de doctes réflexions, qui le font en général précéder du mot « danger ». À des réflexions sur la complaisance préoccupante des classes populaires envers l'idée d'un régime autoritaire (que Jair Bolsonaro ait été élu avec le soutien actif des classes possédantes brésiliennes démontre pourtant ce qu'on sait depuis Pinochet : que les tenants de l'économie dérégulée se satisfont fort bien d'un régime fort peu porté sur la préservation des libertés). À des textes sur les « peuples contre la démocratie ». On ne mesure pas assez l'ingratitude des peuples... Comme si à aucun moment il ne fallait envisager que la défiance des peuples pût s'expliquer par le fait que ce serait au contraire la démocratie qui aurait joué contre eux.

Tout le sujet est là. Et il nous explose à la figure. Chaque déflagration est un peu plus forte que la précédente. Et chaque déflagration prend une forme différente suivant la culture politique des pays dans lesquels elle se produit. Le mouvement des Gilets jaunes fut l'une de ces manifestations de la crise que traversent les démocraties dites « libérales ».

Évidemment, sa seule évocation appelle quelques réponses réflexes qui évitent les analyses trop poussées : « Rappelons qu'au plus fort de la mobilisation, ils n'étaient que 287 000. » Tout pour effacer la grande peur de décembre 2018, quand une population qui ne se montre jamais s'est rendue visible pour exprimer sa colère, avec le soutien ravi d'une part majoritaire de la population. Mieux, les dérives et récupérations du mouvement permettent aujourd'hui de le présenter comme une sorte de prurit fascisant mettant en danger la belle démocratie française.

En novembre 2018, quand des anonymes organisent sur les réseaux sociaux une vaste protestation contre la taxe qui doit renchérir le prix du carburant, nul ne peut imaginer ce qui bouillonne et va surgir quelques jours plus tard. Les occupations de ronds-points, de péages, les manifestations dans d'innombrables villes de province ont rapidement pris un tour qui n'arrangeait pas du tout les tenants de l'ordre établi. On les voit d'ailleurs depuis lors, sur les plateaux de télévision, rappeler doctement qu'il ne faut pas « projeter sur ce mouvement ses propres fantasmes » et qu'il « s'agissait uniquement d'une révolte fiscale ». Une révolte fiscale dont les acteurs prononçaient des phrases étranges comme « Nous sommes citoyens, nous sommes souverains ». Une révolte fiscale qui a très rapidement viré à la remise en cause de toute forme de représentation.

Le plus grand intérêt de ce mouvement est d'avoir agi comme un révélateur, au sens chimique de ce terme. Tout à coup, des gens comme il faut, habituellement mesurés, bien élevés, raisonnables, se sont laissés aller à des charges d'une violence effarante qui n'avaient plus rien à voir avec l'analyse politique. Beaufs, brutes avinées, bas du front, et bien sûr, dès que quelques abrutis ont fait des quenelles ou qu'un ou deux cinglés non identifiés ont dessiné des croix gammées sur une vitrine à plusieurs centaines de mètres du parcours des manifestations, antisémites crasses. Tout y est passé pour qualifier ces gens qui réclamaient le droit de vivre dignement de leur travail, et qui demandaient pour la plupart, en particulier pour les manifestants des premiers jours, tout simplement un minimum de considération. L'ampleur du mépris de classe eut alors quelque chose d'archaïque, comme un souvenir du XIXe siècle et de ses soubresauts. Il fut à l'aune de la grande peur qui saisit les possédants devant ce qui prenait des allures prérévolutionnaires. Tout à coup, les fantômes de 1789, de 1848 et de la Commune se réveillaient.

C'est bien en cela que les Gilets jaunes, comme avant eux l'élection de Donald Trump ou le Brexit, mais sur un mode cette fois spécifiquement français, ont posé avec tant d'acuité la question démocratique. Certains se sont empressés de généraliser sur les éléments les plus radicaux. C'était d'autant plus facile qu'après quelques semaines de mouvement, et après des violences parisiennes qui chassaient de la scène les modérés, les citoyens lambda des débuts, ne restaient et devenaient en effet majoritaires, du moins à Paris, devant les caméras, que les excités, les radicaux, en une récupération par l'extrême droite puis surtout par l'extrême gauche, qui n'avait plus rien à voir avec le mouvement initial. Il était alors très simple de s'indigner avec force lyrisme de ces éléments fascisants qui refusaient la contradiction et s'attaquaient à des permanences de députés ou à tout autre symbole du pouvoir. Mon Dieu, ils ne sont pas démocrates ! Mais qu'est-ce que la démocratie pour ces belles âmes indignées ?

« Nous sommes le peuple », avait titré *Marianne*, reprenant un slogan brandi sur un rond-point des débuts. « Nous sommes le peuple et nous ne nous tairons plus. » Une phrase qui traduisait l'état d'esprit de ces citoyens. Quel scandale, ils croient avoir le monopole du peuple ! Cela signifie donc qu'il y a des ennemis du peuple, c'est le début du fascisme, martelèrent alors ceux qui ne voulaient surtout pas comprendre ce qui se jouait. Magnifique distorsion du réel. À aucun moment, le 17 novembre lors du premier rassemblement, ou sur les ronds-points et péages de province qui conservaient l'esprit et la sociologie du mouvement initial, il n'a été question de se considérer comme seuls légitimes contre des ennemis à faire taire ou à exclure. Il y eut bien évidemment des marques de sectarisme, des phrases à l'emporte-pièce, et surtout une agressivité croissante au fur et à mesure que montait le sentiment de n'être absolument pas entendus ni le moins du monde considérés par le pouvoir, mais globalement, avant la radicalisation des mois de janvier et février 2019, il faut une certaine dose de mauvaise foi pour ne voir dans ces citoyens en colère que des coupeurs de têtes grisés par leur soudaine exposition. Disons que toutes les révoltes populaires ont leurs sans-culottes, et que lorsqu'un pouvoir se montre incapable de répondre un tant soit peu à cette révolte, les sans-culottes prennent le pas sur les modérés. Les vrais sans-culottes, ceux de 1792-1793, étaient épouvantables. Ils sont pourtant dans nos livres d'histoire.

Parce que ce qu'ils furent véritablement ne délégitime pas la Révolution et n'en invalide pas les causes.

Il suffit d'ailleurs de se reporter aux premières propositions élaborées par des groupes de Gilets jaunes et publiées dans le *Journal du dimanche* pour comprendre quelles étaient les aspirations de ces mécontents. Quarante-deux propositions dont les journalistes ont immédiatement dit qu'elles « partaient dans tous les sens », qu'elles « réclamaient tout et son contraire »... « Ils veulent plus de services publics et moins d'impôts », se sont gaussés les esprits raisonnables. Certes. Moins d'impôts pour les classes moyennes. Moins de dépenses contraintes, qui réduisent à rien le budget restant pour la nourriture, les vêtements et les loisirs. Et que l'État joue son rôle. Qu'il soit présent dans des territoires qui ont vu fermer les usines, puis les casernes, puis les tribunaux et les hôpitaux, enfin les écoles et les gares, et qui voient les infrastructures tomber en décrépitude. « Que les gros paient gros et que les petits paient petit », disait une de ces propositions. « Protéger l'industrie française », « fin du CICE », « fin du travail détaché », « interdiction de vendre les biens appartenant à la France, barrages, aéroports »... On peut même remarquer que les quelques propositions concernant l'immigration montraient une recherche d'équilibre puisqu'elles articulaient le « traitement des causes des migrations forcées » avec un accueil digne pour les demandeurs d'asile, mais une reconduite effective hors des frontières des déboutés. Et surtout, elles y ajoutaient la demande d'une véritable politique d'intégration.

Mieux, ces propositions anticipaient de façon intéressante tout ce qui est apparu au grand jour avec l'arrivée brutale de la pandémie : le fait que l'État n'avait plus la moindre marge de manœuvre, s'étant privé des outils de son indépendance, en particulier la capacité à produire ce dont il avait besoin pour n'être pas obligé de la quémander et de la payer à prix d'or à ceux-là mêmes qui étaient responsables, par leurs mensonges, du désastre sanitaire ; le fait que ce système, fondé sur la destruction progressive des protections et des statuts, deviendrait un dramatique facteur d'inégalités en cas de crise, de quelque nature qu'elle soit.

Bref, on a là un intéressant résumé d'un mouvement d'opinion qui s'est incarné au Royaume-Uni dans le slogan *Take back control*, devenu populaire au point que des politiques, Emmanuel Macron en tête, l'ont repris à leur compte pour convaincre les foules qu'ils les avaient comprises. Reprendre le contrôle. Redevenir souverains. Comment expliquer que dans nombre de pays occidentaux, la révolte des classes moyennes et populaires se traduise ainsi ? Comment expliquer que partout, dans des démocraties, des citoyens aient le sentiment violent qu'ils sont ignorés, que leur voix ne compte pas, et que la seule manière de se faire entendre est de cogner contre ce qui apparaît comme un « système » ? Au Royaume-Uni, cela s'appelle le Brexit - pour lequel les citoyens britanniques ont montré une obstination fascinante, jusqu'au vote du 12 décembre 2019, dans lequel, disaient les analystes, Boris Johnson devait être laminé -, aux États-Unis, cela s'appelle Trump, et en France, où l'on n'aime rien tant que les révolutions et les masses qui se soulèvent, ce furent, entre autres, les Gilets jaunes, puis ces mouvements de colère face à une gestion de l'épidémie de coronavirus fondée essentiellement sur l'infantilisation des citoyens, la réduction des libertés et un autoritarisme inversement proportionnel à la capacité d'action des gouvernants.

La démocratie contre les peuples

Au jeu du sage, du doigt et de la lune, le doigt est donc ce populisme qui agite tant les penseurs politiques et la lune est la crise démocratique qui fait que des citoyens, dans la plupart des pays occidentaux, ont l'impression qu'ils ont perdu la main, que les décisions se prennent sans eux, et parfois contre eux. Car il semble bien que la question même de savoir ce qu'est la démocratie ne reçoive plus de réponse tout à fait évidente de la part de gens appartenant à ce qu'on pourrait appeler les « élites », et qui regardent avec inquiétude ou dégoût le « populisme » progresser un peu partout. Passons sur les considérations autour du Brexit et du fait qu'il faudrait « songer à limiter le droit de vote aux diplômés », ou que puisque les jeunes ont voté majoritairement *remain*, et que « c'est de leur avenir qu'il s'agit, leur voix pourrait compter double » (petite boutade sympathique d'un François Fillon reprise par quelques autres...). L'inventivité est fascinante. Il est vrai que les libéraux progressistes n'ont jamais été très à l'aise avec le suffrage universel. En 1848, par exemple, ce sont eux qui se sont empressés, après les journées de juin, de faire voter à l'Assemblée des restrictions permettant d'écarter du vote quelque trois millions d'ouvriers.

Car voilà bien la difficulté : le populisme tel qu'il se manifeste un peu partout en Europe et aux États-Unis peut être caractérisé par un supposé lien direct entre le peuple et celui qui est censé incarner sa volonté et qui cherche à s'arroger le monopole de la légitimité. Mais tout le problème est de définir la volonté du peuple, et donc de mettre en place les outils institutionnels et politiques qui permettront à cette volonté de s'exprimer autrement que dans un face-à-face avec un homme providentiel. La campagne d'Emmanuel Macron en 2017, et sa pratique du pouvoir faite d'écrasement des corps intermédiaires (avant qu'il ne s'aperçoive sous la contrainte que les maires ne sont pas totalement inutiles), prouve que la définition du populisme ne saurait se limiter à « ces méchants qu'on n'aime pas ». De même que l'on ne peut se contenter d'asséner qu'il n'est de démocratie que représentative, comme l'ont fait tous ceux qu'effrayaient les Gilets jaunes avec leur revendication du référendum d'initiative citoyenne (RIC).

Certes, on peut considérer qu'il existe une spécificité française en la matière, et ce n'est pas un hasard si c'est en France que surgit cette demande de démocratie directe. Si l'élection au suffrage universel du président de la République est d'inspiration plébiscitaire, poussant donc les candidats sur la voie d'une forme de populisme, les évolutions progressives des institutions, à la fois par la pratique et par les différentes réformes institutionnelles, ont conduit à faire de la Ve République une machine à consolider un pouvoir illégitime. Le spectacle de l'Italie, de l'Espagne ou de la Belgique devenues ingouvernables incite certains à se réjouir du système majoritaire français, mais c'est proprement une folie. Il faudrait se réjouir que 14,5 % des inscrits (le score de La République en marche au premier tour des législatives de 2017) permettent d'obtenir 350 députés ? Mais ça signifie que les autres ont fait encore moins, ils sont encore moins représentatifs, donc ils n'ont pas à critiquer, nous disent ces grands démocrates. Quand 57 % des électeurs, en général les plus pauvres, s'abstiennent de voter aux élections législatives, c'est-à-dire pour désigner ceux qui écriront la loi, c'est qu'il y a un problème.

Et quand la moitié des 24 % d'électeurs qui ont voté Emmanuel Macron dès le premier tour de l'élection présidentielle affirment aux instituts de sondage l'avoir fait pour « faire barrage » à Marine Le Pen, le problème devient vertigineux. Le réflexe des castors ne fait pas une démocratie. Et c'est la source d'un malentendu potentiellement ravageur, dont les Gilets jaunes ou les grèves contre la réforme des retraites, soutenues pendant un mois par plus de 50 % de l'opinion, sont l'illustration. Emmanuel Macron a bien été élu en mai 2017, mais nul ne peut prétendre que « les Français » ont approuvé son programme. Lui est parfaitement légitime, son programme ne l'est pas aux yeux d'une grande part des citoyens. De telles questions ont pu être reléguées au second plan tant qu'on expliquait aux Français que leur vie était en jeu, que, sans suspension de leurs libertés, on déplorerait bientôt 400 000 morts (projection délirante obtenue par deux épidémiologistes de l'Institut Pasteur à partir d'une bête règle de trois – si la Covid a un taux de mortalité par infection situé entre 0,3 et 1,3 %, quand 5 % des gens sont touchés, on atteindrait 400 000 morts avec 50 % de la population infectée – et reprise par Emmanuel Macron le 28 octobre 2020 pour justifier le reconfinement). Les 60 % d'abstention au second tour des municipales ont pu être imputés au coronavirus. Circulez, il n'y a rien à voir. Mais l'approche de 2022 laisse entrevoir le retour au premier plan d'une question qu'on ne pourra plus longtemps étouffer en traitant les citoyens en colère de complotistes ou de néofascistes.

Comment résoudre cette tension ? On voit bien qu'en fait, partout en Europe, la démocratie devient un jeu de massacre où il s'agit d'éliminer. On vote contre, rarement pour. Et c'est encore plus vrai en France où l'émergence du Front national a poussé les tenants de l'alternance « présentable », UMP-PS, droite libérale contre gauche libérale, à s'adapter en bidouillant grossièrement les institutions. Il faut se souvenir, dans les années 1990, des éloges du « bipartisme » à l'anglo-saxonne, tellement plus « moderne » que nos folkloriques petits partis dissidents (c'était avant les deux élections américaines de 2016 et 2020, et l'émergence d'un Donald Trump mettant en difficulté un Parti démocrate occupé à faire taire son aile gauche pour présenter le candidat le plus proche possible des grands intérêts financiers). En France, le quinquennat, là aussi vendu comme « moderne » par la quasi-totalité du milieu médiatico-politique, était l'instrument de la transformation du paysage politique. Puisque les citoyens marquaient leur mécontentement devant les promesses non tenues en provoquant des cohabitations, on les rendait impossibles en faisant coïncider le mandat du président et celui des députés. Les deux partis « de gouvernement » pouvaient continuer à incarner le « cercle de la raison » pendant que l'Assemblée nationale perdait toute indépendance vis-à-vis de l'exécutif. Mais au moins, on garantissait l'essentiel : la perpétuation du système. Sauf que le Front national s'est installé en deuxième position. Catastrophe. D'où l'idée des primaires. Puisque celui qui atteignait le second tour de l'élection présidentielle était sûr d'être élu, il fallait s'assurer que le type en question serait recommandable. L'« homme du destin », la « rencontre d'un homme et d'un peuple », toutes ces vieilles mythologies gaulliennes, il était temps de les bazarder. Le principe des primaires avait pour but de s'assurer que le vainqueur serait issu d'un des deux grands partis.

À ceci près que la machine s'est enrayée. Et quand il est apparu que les deux partis en question avaient tant perdu en crédibilité, que la colère des citoyens amplifiée par cette fausse alternance était telle que le risque était non négligeable de voir tout cela voler en éclat, on est passé du dogme du bipartisme à la théorie de l'omelette. La métaphore est d'Alain Juppé, incarnation parfaite de cette technocratie sûre d'elle-même et dominatrice. Si le paysage politique ressemble à une omelette, il faudrait pouvoir couper les deux bouts pour ne garder que le meilleur, le cœur. Traduction : on rassemble les libéraux de droite et les libéraux de gauche, dont les électeurs ont de toute façon compris qu'ils menaient rigoureusement la même politique. Le macronisme n'est rien d'autre, derrière son folklore populiste fait de fausse révolution et de renouvellement des têtes. L'unique but est de perpétuer le système. Et c'est tout le système qui, après la défaite d'Alain Juppé à la primaire de la droite en 2016, s'est tourné vers lui pour le porter jusqu'à l'Élysée.

La spécificité de la France, ce sont donc ces institutions verrouillées qui permettent que, depuis trente ans, quel que soit le vote des électeurs, la même politique soit reproduite. En 1995, les Français votent pour un homme qui diagnostique une « fracture sociale » et entend la résorber. Le 26 octobre 1995, par la voix d'Alain Juppé (incarnation parfaite, etc.), ils s'entendent dire que, finalement, on va faire comme avant, mais en pire, qu'on va mener une politique d'austérité et commencer à rogner sur le modèle social français pour s'adapter aux impératifs de la mondialisation, c'est-à-dire de la mise en concurrence généralisée.

Les Gilets jaunes sont la conséquence directe de ces décennies de trahison du vote, dont l'épisode le plus effarant fut en 2008 la ratification par 90 % des députés du traité de Lisbonne qui était le copié-collé du Traité constitutionnel refusé par 55 % des Français le 29 mai 2005. Ce rappel suffit à agacer très fort ceux qui n'aiment la démocratie que quand le peuple vote bien. Parce que c'est une épine dans leur pied si bien soigné. Cette fois-là, c'était un peu trop énorme. Mais comme tous les arguments sont bons, certains nous expliquent que, puisque Nicolas Sarkozy avait annoncé cette forfaiture dans son programme, elle était légitime. Comme si les électeurs avaient spécifiquement choisi cette partie du programme pour se décider à voter Sarkozy en 2007...

La proportion de députés ayant voté la ratification du traité de Lisbonne illustre d'ailleurs cette fracture entre les élus et les citoyens qui annonce la crise actuelle. Face aux Gilets jaunes, le réflexe idéologique de survie a été immédiat. Les contestataires remettaient en cause la légitimité des représentants. On a donc eu droit à des défenses avec trémolos dans la voix de la « démocratie représentative », la seule véritable. Le RIC ? Un instrument de tyrannie. Et ceux qui le prônent ? Des factieux et des fascistes.

Un peu plus intéressant eût été de se pencher sur les raisons de cette défiance envers les représentants. Tous les représentants. Pas seulement les députés, mais les politiques en général, les journalistes, les syndicalistes et tous ceux qui peuvent incarner une forme d'élite accusée d'avoir confisqué le pouvoir ou de servir ceux qui l'ont fait. Les médecins, même, et les scientifiques ont fini par rejoindre la cohorte après avoir étalé sur les plateaux de télévision, pour certains leur défense farouche des grands laboratoires et de leurs intérêts, pour d'autres leur mépris souverain pour les citoyens, considérés avant tout comme des abrutis que seule la peur peut discipliner, pour d'autres enfin l'affirmation du seul impératif médical immédiat, sans aucune attention pour les dégâts sociaux, économiques et psychologiques. Le phénomène est d'autant plus frappant qu'il se décline sous différentes formes. Le fameux « dégagisme », l'élection de divers clowns médiatiques (au sens propre puisque de l'Italie à l'Ukraine, les humoristes semblent avoir la préférence), mais aussi, dans un autre ordre d'idées, l'usage des réseaux sociaux comme d'une arme pour bousculer toute forme d'institution médiatique. On a fait alors des gorges chaudes de ces individus qui filmaient avec leur téléphone et entendaient « informer » de façon plus objective que les médias honnis, jusqu'à ce documentaire, *Hold-Up*[1], totalement complotiste, étiqueté comme tel par les médias classiques, et pourtant vu par plus de deux millions et demi de personnes. Mais là aussi, le processus était à l'œuvre depuis longtemps, et ce n'est pas un hasard si a ressurgi dans l'ombre portée des Gilets jaunes la figure d'Étienne Chouard, professeur d'économie et de droit rendu célèbre par une analyse du Traité constitutionnel européen de 2005 publiée sur son blog lors de la campagne référendaire, et qui entendait démontrer que l'Union européenne n'est pas une démocratie. Ce texte diffusé sur Internet marque en fait l'émergence d'une contre-culture sur le Net, à l'écart des grands médias devenus odieux à tous ces citoyens qui les avaient vus mettre en place une campagne ahurissante pour les inciter à voter oui.

1. Film documentaire de Pierre Barnérias, sorti le 11 novembre 2020 sur la plateforme Vimeo.

Tous les arguments y sont passés, en particulier les plus grossiers, de « l'Europe, c'est la paix » à « voter non, c'est être xénophobe, raciste, fasciste, beauf... et pire encore ». Il est apparu à cette occasion aux yeux de nombre de Français que les principaux médias s'étaient faits les serviteurs d'une idéologie et d'un système, de la façon la plus naturelle qui soit en temps normal, mais avec une virulence agressive dès lors que ce système était menacé.

Les auditeurs de France Inter, notamment, avaient protesté avec virulence contre le matraquage opéré dans la matinale, en particulier par le chroniqueur économique, qui était alors Jean-Marc Sylvestre, en vertu du fait que la radio de service public, souvent accusée d'être marquée à gauche, choisit en général de faire preuve de pluralisme en confiant les questions économiques à des représentants du néolibéralisme le plus militant, démontrant qu'au fond, c'est bien là qu'est le nerf de la guerre... Au mois de septembre 2005, donc, pour faire amende honorable auprès de ses auditeurs, la station avait organisé une grille un peu moins univoque : quatre jours par semaine... Jean-Marc Sylvestre, et le vendredi, un débat entre le même Jean-Marc Sylvestre et Bernard Maris, économiste hétérodoxe, critique de la construction néolibérale de l'Europe, de plus en plus critique vis-à-vis de l'euro, et qui devait mourir en 2015 à *Charlie Hebdo*. Une certaine idée du pluralisme…

Ce que représenter veut dire

Nous voilà au cœur du problème. Le rejet des représentants, comme celui d'à peu près toutes les institutions de médiation, vient du fait que ces institutions apparaissent aux yeux de nombre de citoyens comme uniquement destinées à les maintenir dans le droit chemin. Excessif ? Peut-être. Mais encore faudrait-il s'employer à combler le fossé, ou plutôt le gouffre, creusé pendant des années. De même, ce n'est pas le tout de rejeter la démocratie directe en expliquant qu'elle est techniquement impossible - ce qui était vrai, mais l'est de moins en moins à l'heure du numérique -, ou qu'elle serait tyrannique sans jamais vraiment expliquer pourquoi - et l'on perçoit trop souvent derrière cet argument l'idée que la démocratie serait une chose bien trop sérieuse pour la laisser au peuple -, encore faut-il admettre que la démocratie représentative telle que nous la pratiquons dans les pays occidentaux est pour le moins grippée.

C'est d'ailleurs une des intuitions d'Emmanuel Macron que d'avoir compris à quel point le système des vieux partis politiques, articulé autour du clivage gauche-droite, sur lequel s'appuie la démocratie représentative, était à bout de souffle. L'entourloupe consiste bien sûr à avoir laissé croire que changer les têtes et le contour du parti serait une « révolution ». Résultat : la pseudo-démocratie participative mise en place pour recruter les « marcheurs », associée au populisme bon teint d'une campagne uniquement centrée sur la figure de l'homme providentiel, a débouché sur l'élection de l'Assemblée la plus monocolore de la Ve République. Ah, c'est vrai, il y a beaucoup plus de femmes, et peut-être même davantage de gens issus de l'immigration récente. Mais il n'y a jamais eu autant de représentants des catégories sociales les plus élevées. Jamais aussi peu d'ouvriers et de paysans, ou de petits employés. C'est toute la différence entre une diversité d'apparence, fondée sur la nouvelle obsession identitaire, et le pluralisme politique, permettant de faire fonctionner la démocratie.

Aristote définissait le citoyen comme celui qui est capable « de gouverner et d'être gouverné ». Définition d'un Athénien du IVe siècle avant Jésus-Christ, répondront certains. Cela vaut pour la démocratie directe et quand le *dèmos*, la communauté politique, est constitué d'individus éduqués et largement favorisés. Impossible aujourd'hui : les processus complexes imposent des représentants auxquels les citoyens vont déléguer leur pouvoir de décision parce qu'ils jugent que ces représentants savent mieux et prendront les bonnes mesures.

Osons une remarque : la baisse du niveau culturel des politiques est un des phénomènes indiscutables de ces dernières décennies. Connaissances littéraires, historiques, philosophiques et même politiques quasi nulles. Les représentants n'incarnent absolument pas une élite intellectuelle qui traduirait en concepts la volonté du peuple. En revanche, ils incarnent une élite sociologique et matérielle. Une caste. Une classe sociale. Pas plus cultivés que la moyenne des citoyens, mais plus aisés et largement éloignés des aspirations d'une grande part de la population. Bref, l'inverse exact de la tradition républicaine des grands défenseurs de la classe ouvrière.

Aujourd'hui, combien de Français se vivent comme potentiellement gouvernants ? Combien se disent qu'ils pourraient un jour être élus à quelque mandat que ce soit ? Certes, les élections municipales, grâce à la structure administrative très particulière de la France, mobilisent environ 900 000 candidats. C'est bien pour cela que tant de décideurs et de commentateurs nous expliquent à longueur d'articles ou de discours combien ces 33 000 communes sont une aberration. Vite, réduisons le nombre de communes, le nombre d'élus, le nombre de candidats, histoire d'éloigner encore un peu plus les citoyens de la vie démocratique. Tous ces gens qui aspirent à s'impliquer et à gérer, pour la plupart gratuitement, le territoire, c'est en effet totalement baroque. Remplaçons-les par des fonctionnaires, le moins nombreux possible, qui feront cela de très, très loin.

L'urbanisation croissante, la concentration autour des métropoles évitent finalement l'inconvénient d'avoir des citoyens impliqués. Plus les structures sont grosses, moins la proportion de gens engagés est importante. Dans les territoires urbains et périurbains, les citoyens sont de plus en plus éloignés de la chose publique, ce qui permet aux gens raisonnables et avisés de conduire les affaires publiques sans être dérangés par les idées iconoclastes du peuple. Car dans ces territoires, ce sont évidemment les mêmes classes sociales qui ne votent pas et ne s'impliquent pas, et qui n'imagineraient pas une seconde faire un jour partie des décideurs. La notion même de citoyenneté n'a plus aucun sens pour eux. Ils sont exclus du jeu. Bien évidemment, il s'agit là des plus pauvres, des plus marginaux, des moins intégrés à la société. Nous avons réinventé une forme de suffrage censitaire qui ne dit pas son nom. Un nombre croissant de citoyens est inscrit dans un mouvement de désaffiliation vis-à-vis de la démocratie : ils sont désormais convaincus que voter ne sert à rien et que leur voix ne compte pas. Certains se sont révoltés en enfilant un gilet jaune. Les autres ne luttent même plus.

La raison de cette défiance ? Le principe de la représentation ne fonctionne que si les représentants ont en effet l'intention de représenter. Pardon d'une lapalissade devenue nécessaire car elle n'est finalement plus si évidente. La crise de la démocratie représentative vient du fait que, depuis des décennies, les représentants se sont ingéniés à tordre le sens même de la représentation. Quand ces représentants sont issus d'une seule et même classe sociale, et qu'ils sont intégrés à un environnement culturel qui les confronte uniquement à leurs semblables et les incite à reproduire l'idéologie dominante dans leur milieu, la probabilité est grande qu'avec les meilleures intentions du monde, ils ne se mettent à défendre à travers leurs choix politiques les intérêts de leur classe sociale. Le décalage entre les 55 % de citoyens votant non au référendum sur le Traité constitutionnel de 2005 et les 90 % de députés votant le traité de Lisbonne, c'est la différence entre les « gens raisonnables » qui estiment qu'il n'y a pas d'autre politique possible et les citoyens qui se souviennent que la démocratie est le gouvernement du peuple, par le peuple et pour le peuple, selon les mots d'Abraham Lincoln repris dans la Constitution de la Ve République.

Mais la volonté du peuple s'exprime par le vote, nous diront ceux qui font semblant de ne pas comprendre. S'ils ne sont pas contents, ils n'ont qu'à voter pour les autres ! Certes. À ceci près que toute la mécanique du vote est faite pour exclure un véritable changement. Tout est fait, dans les analyses, dans les discours, pour renvoyer toute contestation au Rassemblement national, c'est-à-dire à l'option dont une majorité de Français ne veut pas. Même François Bayrou, en son temps, parce qu'il menaçait la fausse alternance entre l'UMP et le PS, avait été accusé dans un éditorial du *Monde* signé Jean-Marie Colombani de sombrer dans le fascisme et de faire le jeu de l'extrême droite. Surtout rien qui puisse ébranler le système.

Et la *reductio ad Hitlerum* comme arme ultime. Bien évidemment, en 2017, le jeu devenait à la fois plus simple et plus complexe. Le but était d'empêcher que n'arrive face à Marine Le Pen, dont tout le monde avait entériné la présence au second tour, quelqu'un qui ne fût pas parfaitement recommandable. Entendez acquis au libre-échange, à la forme actuelle de l'Union européenne, à sa dimension néolibérale et atlantiste... Il suffit, là encore, de se remémorer la façon dont presque tous les candidats, à l'exception d'Emmanuel Macron, furent accusés de nourrir une tendresse coupable vis-à-vis de Vladimir Poutine. Marine Le Pen, bien sûr, et Jean-Luc Mélenchon, mais aussi Nicolas Dupont-Aignan, François Asselineau... jusqu'à François Fillon, qui se vit qualifier d'« ami des dictateurs », selon l'équation qui voulait que quiconque prône des discussions avec Vladimir Poutine soit un de ses admirateurs et, par capillarité, un adorateur de son allié Bachar el-Assad. Peu importe qu'Emmanuel Macron, une fois au pouvoir, ait eu pour premier souci d'ouvrir un dialogue avec l'homme du Kremlin. Les mêmes commentateurs applaudirent. L'amnésie, une vocation, une éthique...

Là encore, on peut identifier une spécificité française : la destruction systématique de l'école républicaine et de sa méritocratie ont préparé la société la plus bloquée qui soit. Il faut désormais six générations pour passer du bas de l'échelle sociale au statut le plus élevé. Et les dégâts du confinement sur les plus fragiles amplifieront encore le phénomène. Le blocage total de l'ascenseur social a pour conséquence la fermeture des supposées élites sur elles-mêmes. Aucun renouvellement. Alors qu'on peut considérer qu'un pays qui respire est un pays qui renouvelle à chaque génération à peu près 25 % de ses élites. La lutte des classes, au pays des hussards noirs de la République, a pris un tour tragique.

Cependant, même si la France se distingue par une efficacité remarquable dans la trahison de l'idéal républicain, le phénomène est planétaire. L'historien américain Christopher Lasch l'avait identifié dès 1994 dans un ouvrage, *La Révolte des élites et la trahison de la démocratie*[1], qui fit date. Il y diagnostiquait une forme de sécession des classes dominantes qui ne se sentaient absolument plus les mêmes intérêts que les populations des pays auxquels elles étaient censées appartenir. Il analysait la formation d'une

1. Climats, 1996 ; Flammarion, coll. « Champs », 2007, pour la version française.

sorte d'élite mondiale déterritorialisée, affranchie des solidarités et des normes.

Le phénomène, aujourd'hui, explose. Il a même été décrit économiquement, à travers la désormais fameuse « courbe de l'éléphant » de l'économiste Branko Milanović. Que montre-t-elle ? L'évolution sur vingt ans des revenus des différentes populations mondiales en fonction du revenu de départ. Résultat : la queue de l'éléphant, très basse, ce sont les populations encore dans la pauvreté, dans les divers pays d'Afrique... Le dos de l'éléphant, ce sont ces populations, en Chine ou en Inde, qui ont vu leur revenu largement augmenter en vingt ans, jusqu'à sortir de la pauvreté. Puis, la courbe redescend vers le sol avant de remonter vers le ciel, ce qui forme la trompe de l'éléphant. Vers le ciel, qui ont augmenté de façon exponentielle, ce sont les revenus des 0,01 % les plus riches de la planète. Ce sont eux, les gagnants de la mondialisation. Et le bas de la courbe, le départ de la trompe, ce sont les classes moyennes et populaires des pays occidentaux, qui ont vu leur revenu stagner. La mondialisation s'est faite sur leur dos. Le phénomène de dérégulation et de circulation des flux de capitaux et de marchandises n'a pas partagé la richesse, elle l'a concentrée chez quelques-uns et a opéré un transfert entre anciennes et nouvelles classes moyennes.

Quand l'homme d'affaires Warren Buffett, il y a quelques années, avait déclaré « la lutte des classes existe, et nous, les riches, sommes en train de la gagner », il n'avait fait que résumer cette situation, et annoncer les troubles qui agitent désormais les démocraties libérales. Pour le dire simplement : les classes dominantes ont intérêt à maintenir ce système de dérégulation et de division mondiale du travail qui les enrichit largement, et, ça tombe bien, ce sont elles qui décident puisqu'elles exercent le pouvoir politique sans réel renouvellement. Elles ont même quelques instruments pour s'assurer de cette continuité, à travers le lobbying et la porosité croissante entre le service de l'État et les intérêts privés. Il n'y a pas qu'en France qu'il est de plus en plus difficile de limiter le « pantouflage », le passage permanent de la haute administration au privé. Et les gouvernements d'Emmanuel Macron illustrent à merveille ce phénomène en donnant les pleins pouvoirs, sous prétexte d'évacuer ces vieux politiques inefficaces et enkystés dans leur conservatisme, à des énarques godillant entre l'inspection des Finances, les banques d'affaires et les grands groupes industriels.

La loi de moralisation de la vie politique, qui devait en finir avec les turpitudes illustrées par l'affaire Fillon, s'est d'ailleurs bien gardée de s'attaquer à ce qui réellement, dans le cas de François Fillon, était le plus dangereux pour la préservation du bien commun : non pas le possible emploi fictif de Penelope Fillon, mais l'ouverture d'un cabinet de conseil trois jours avant le début de son mandat de député pour pouvoir, à terme, monnayer son carnet d'adresses. Il est là, le véritable danger pour la démocratie.

Le grand retour de la lutte des classes, après les années de discours lénifiants sur la fin de l'histoire et la « bonne gouvernance », c'est à cela que nous assistons. C'est cela qui est en train d'ébranler les démocraties dites « libérales ». Pourquoi ? Parce qu'elles sont de plus en plus néolibérales et de moins en moins démocratiques. Parce que les classes dominantes ont clairement identifié le danger d'un réveil des peuples. Les cocus de la mondialisation néolibérale se rebiffent et se souviennent qu'ils ont leur mot à dire, et que, jusqu'à présent, tout a été fait pour qu'ils la bouclent.

Centrisme autoritaire

Le populisme menace la démocratie ? En mai 2018, un sondage, aux États-Unis, a voulu évaluer le degré d'attachement des citoyens à l'État de droit et aux libertés individuelles en fonction de leur positionnement sur l'échiquier politique. Résultat : ceux qui se situaient spontanément au centre étaient les plus enclins à considérer qu'il faut parfois, pour le bien de la société, limiter les libertés publiques, et que la démocratie n'est pas la panacée. Comment ? Vous dédouanez les extrêmes ? Vous nous dites, l'air de rien, que Le Pen et Mélenchon sont plus démocrates que Macron ? Non. La question ne se pose pas en ces termes. Ce que montre ce sondage, c'est tout simplement le triomphe de l'« épistocratie », joli mot qui signifie le « gouvernement des sachants ». C'est d'ailleurs logique : pas d'ascenseur social, les élites diplômées sont en général issues des classes favorisées, elles savent mieux que tous ces cancres et ces traîne-savates ce qui est bon pour le pays. En termes plus polis, on dira que « la complexité des phénomènes dans un monde d'interactions permanentes nécessite de confier les décisions à des experts, à des gens qui comprennent vraiment les enjeux de chaque décision ». Et puisque les masses incultes se révoltent et refusent le meilleur des mondes possible, il faut protéger ce monde radieux et faire leur bien malgré elles. Une légère limitation des libertés sera donc la bienvenue pour remettre dans le droit chemin ceux qui se laissent aller à la haine de la démocratie dans sa version néolibérale, ceux qui se nourrissent de *fake news* au lieu d'admettre que le Brexit provoquerait une pluie de sauterelles, ou ceux qui protestent contre les « réformes nécessaires » à l'amplification de ce système nirvanesque.

Vers la fin de l'année 2020, beaucoup se sont demandé comment des populations informées, des citoyens de vieilles démocraties, avaient pu accepter sans broncher de telles atteintes à leurs libertés fondamentales. En France, pas de délibération, pas de vote... et pas de manifestations, alors que des catégories entières étaient sacrifiées, parfois sans la moindre justification, comme ces petits commerçants jugés « non essentiels » chez qui, justement, tout était en place pour empêcher toute contamination. Il ne s'agit nullement de remettre en cause le fait de lutter contre l'épidémie, mais bien de s'interroger sur les moyens mis en œuvre et leur proportionnalité, sachant les dégâts que ces moyens allaient causer en termes de souffrance psychique, de massacre économique, d'abandon de soin pour toute autre pathologie... Sauf que cette interrogation même était interdite. Certains ont alors parlé de « dictature sanitaire ». Mais cette toute-puissance d'un discours médical ne prenant en compte que les critères de la médecine d'urgence, sans tenir aucun compte des autres dimensions, économique, sociale, psychologique, culturelle, découle directement d'une sorte de sacralisation des « sachants », des esprits supposés raisonnables, chargés de guider les masses en leur indiquant la conduite à suivre. Tous les délires – jusqu'à ces médecins expliquant qu'il allait falloir porter le masque en famille – étaient permis, puisque c'était au nom du Bien, pour sauver des vies, et que plus personne, parmi les journalistes ou les politiques, ne croit plus qu'il faille demander aux citoyens d'opérer des arbitrages sur les sujets fondamentaux. On ne va quand même pas demander au citoyen lambda ce qu'il considère comme une vie digne et comment il arbitre entre sécurité et liberté...

Tout cela, bien sûr, n'est que la continuation d'un processus enclenché à partir de la fin des années 1970, alors que les théoriciens du néolibéralisme imposent leurs idées. Néolibéralisme : le terme hérisse ceux qui n'en assument pas la véritable nature. « Vous ajoutez le préfixe "néo" pour diaboliser, mais en fait c'est le libéralisme que vous attaquez. » Viennent généralement ensuite les phrases du genre : « Vous préférez la collectivisation des moyens de production et l'abolition de la propriété ? » Comme pour dictature et démocratie. C'est l'un ou c'est l'autre. Noir ou blanc. Pas de gris, pas de nuance.

Le néolibéralisme, donc, désigne cette idéologie qui s'impose à la fin des années 1970 à travers les figures de Ronald Reagan et Margaret Thatcher, et qui théorise la dérégulation absolue de l'économie et la constitution d'un marché unique par l'imposition du libre-échange total et la division mondiale du travail. Le résultat, c'est le règne des paradis fiscaux et des monopoles gigantesques, bref, le contraire du véritable libéralisme. Or, les tenants du néolibéralisme ont construit la fiction d'une science économique qui serait une science dure, avec ses lois intangibles.

Des lois qui prévalent, donc, sur les choix politiques. Des lois contre lesquelles les politiques ne peuvent aller. À partir de ce moment, et au fur et à mesure que l'ensemble de la classe politique se rallie à cette idéologie, les décisions politiques ne se prennent que dans le cadre imposé par ces lois. C'est exactement à cette période, vers le milieu des années 1980, qu'on voit surgir la règle des 3 % de déficit budgétaire à ne pas dépasser, règle d'autant plus impérative qu'elle est parfaitement arbitraire et ne correspond économiquement à rien.

Cette vague néolibérale gagne d'abord le monde anglo-saxon, en se nourrissant en Grande-Bretagne des échecs du Parti travailliste, et devient au cours des années 1980 la matrice idéologique de la construction européenne. L'Acte unique européen de 1986 en est la traduction. L'Union, à cet instant, change de sens : d'un marché commun au sein duquel les États membres s'échangeaient leurs excédents, elle devient un marché unique ouvert au monde entier à travers la diminution ou la suppression progressives de tout droit de douane, l'uniformisation méticuleuse de toutes les normes (du calibrage des concombres à celui des chasses d'eau), et l'empilement de règles tatillonnes développées par une administration pléthorique travaillée en permanence par quelque 15 000 lobbyistes installés à demeure pour garantir que les décisions se prendront très loin des citoyens, dans un sens qui convient aux multinationales qui les envoient. Et bien entendu, ô joie supplémentaire, la libre circulation des capitaux, des marchandises et des hommes - associée très vite à un élargissement décidé là encore sans aucune consultation des citoyens - permet la mise en place d'un dumping social et fiscal pour le plus grand bonheur de ces multinationales. La désindustrialisation de l'Europe de l'Ouest devient massive - sauf pour une Allemagne qui se reconstitue à travers l'ancienne RDA, la Pologne, la Hongrie, la République tchèque, un arrière-pays peuplé de travailleurs à bas coût.

Les défenseurs de ce système auront beau jeu de répondre que la construction européenne telle qu'elle est a été validée par les citoyens à travers l'élection de représentants qui la soutenaient. Ce processus d'empilement de strates de décision contrôlées par une technostructure hors de contrôle est comme autant de filtres ajoutés à la décision démocratique. Jusqu'à ce que l'épaisseur des filtres ne laisse plus rien passer. Les citoyens avaient-ils un autre choix que de laisser faire ? Pouvaient-ils voter pour autre chose que pour les tenants de ce système ? On se souvient de Jacques Chirac choisissant de prôner le « oui » au traité de Maastricht parce qu'il estime qu'un homme qui se serait opposé à la construction européenne telle qu'elle se faisait n'aurait aucune chance de devenir un jour président de la République. Pis, quand il est élu en 1995 sur un programme centré sur l'analyse d'une fracture sociale à combler, programme imprégné du gaullisme social de Philippe Séguin, c'est pourtant Alain Juppé qu'il nomme à Matignon. Pourquoi ? Philippe Séguin en donna l'explication à ses proches : « Helmut Kohl n'aurait jamais accepté que je sois à Matignon. » Les choses sont claires.

Les politiques se sont volontairement départis de leur pouvoir, et se sont peu à peu ralliés au néolibéralisme avec un enthousiasme confondant. Les premiers et les plus efficaces sont les représentants de cette « deuxième gauche » qui a fait du progressisme sociétal - extension infinie des droits individuels et du libéralisme culturel - le leurre pour masquer sa capitulation devant le règne absolu du profit et l'extension infinie du marché. Bill Clinton aux États-Unis, Tony Blair en Grande-Bretagne sont les grands champions de ce désarmement des États face à la financiarisation de l'économie. En France, de Jacques Delors à Pascal Lamy, les hauts fonctionnaires hérauts de la « gouvernance mondiale » et du dépassement des États-nations sont devenus une spécificité culturelle. Et c'est bien le gouvernement de Lionel Jospin qui reste le champion des privatisations.

Et comment en serait-il autrement ? Si l'économie est une science dure, si des règles intangibles existent, qui nous dictent ce qu'il faut faire pour piloter des systèmes complexes comme ceux nés de la mondialisation et de la circulation de l'information à l'ère numérique, il faut les appliquer. « *There is no alternative* », disait Margaret Thatcher. Il n'y a pas d'alternative. Phrase reprise par Emmanuel Macron dans *Le Point* pour une interview publiée le jour de sa nomination au ministère de l'Économie. On peut s'amuser à discutailler de choses et d'autres, de politiques scolaires ou du nombre d'hôpitaux par région, mais le lourd, l'organisation générale du système, ça ne se discute pas. C'est hors champ. Hors démocratie. Pas besoin de voter, puisqu'on vous dit qu'il n'y a pas d'alternative.

Le problème est qu'au fur et à mesure le nombre d'éléments hors champ de la démocratie augmente de façon exponentielle. À partir du moment où l'on organise un système qui permet à des multinationales de faire baisser le coût du travail en délocalisant et de vider les caisses des États en échappant à l'impôt, il n'y a plus d'argent public pour investir, entretenir les infrastructures, aménager le territoire ou développer des politiques éducatives ambitieuses. Et puis, il faut adapter le marché du travail pour « rester compétitif ». Il faut diminuer le périmètre de l'État. Il faut même adapter les systèmes de retraite pour éviter qu'ils ne coûtent trop cher dans un contexte où il n'y a plus d'argent. D'ailleurs, tous les ans, les instances de l'Union européenne produisent des recommandations pour expliquer comment adapter les choix politiques à ces impératifs systémiques. Cela s'appelle les « grandes orientations de politique économique ». Et ça parle réforme du marché du travail, réforme des retraites. Bref, toutes les politiques menées dans les différents pays européens par des dirigeants élus tout à fait démocratiquement. Mieux, les politiques éducatives font l'objet du même genre de recommandations, au nom de l'« efficience », l'autre concept, avec la « gouvernance », qui permet d'évacuer la politique, c'est-à-dire le choix. On a donc pu, pendant plus de vingt ans, laisser détruire les industries et fermer les lits d'hôpitaux, pour découvrir en mars 2020 que la France était incapable de produire des masques, des tests et des respirateurs, et que son système hospitalier ne tenait plus que sur le dévouement des personnels.

On peut même anticiper le fait que l'urgence climatique sera le prochain élément permettant d'évacuer la libre décision des citoyens. Alors même que le modèle économique du capitalisme consumériste fondé sur la division mondiale du travail – la production à bas coût à l'autre bout de la planète d'objets permettant à des multinationales d'augmenter leurs marges – est en grande partie à l'origine de la surconsommation de plastique, de la destruction des terres arables, de la production de gaz à effet de serre et de l'effondrement de la biodiversité, on sent venir ce moment où les questions écologiques seront brandies comme une arme contre les citoyens et leur liberté de décision. Il est des questions vitales qui supplantent la démocratie même. Si le risque est que nous mourions tous, il vaut mieux imposer des décisions : c'est pour le bien de tous. La taxe carbone était un avant-goût : vous pensez à vos fins de mois, mais nous pensons à la fin du monde. Ne soyez pas si égoïstes... Bien sûr, la taxe carbone touche les citoyens, et en particulier ces classes moyennes qui n'ont aucune marge de manœuvre. On ne va pas enrayer la machine économique. On continue le libre-échange, les porte-conteneurs, la production de masse écoulée grâce à la publicité, mais on taxe vos diesels. Pour votre bien.

En fait, depuis quarante ans, c'est le périmètre de la démocratie qui s'est réduit comme peau de chagrin. Ce sur quoi les citoyens ont leur mot à dire. L'impression qu'ils ont eue pendant des années que droite et gauche menaient la même politique, jusqu'à ce que le macronisme entérine cela, l'idée qu'ils ont eue que les médias disaient la même chose, malgré leur positionnement à droite ou à gauche et leurs oppositions sur des questions de société, viennent de là : il est des choses dont on ne débat pas. Le système économique néolibéral, décliné notamment dans les règles imposées par le traité de Maastricht (et que devait amplifier le Traité constitutionnel), à travers la monnaie unique, la suppression des tarifs douaniers, la circulation des travailleurs détachés..., a été évacué des débats au sein même des partis politiques. L'éléphant dans la pièce, que tout le monde fait semblant de ne pas voir. Et peu à peu, on exclut du « cercle de la raison » tous ceux qui prétendent encore débattre de cela.

C'est tout le piège : ceux qu'on appelle « populistes » ont beau jeu de se réclamer de la démocratie, de prétendre rendre au peuple le pouvoir qui lui a été confisqué, puisqu'en effet tout est mis en place, depuis quarante ans, pour contourner toute forme d'expression de la volonté majoritaire des citoyens. Ils n'ont aucune difficulté à caricaturer le débat en un affrontement entre un peuple supposé homogène et des élites coupables de tout, puisque lesdites élites ont elles-mêmes préparé le terrain en éliminant toute forme de diversité idéologique en leur sein. Et la pandémie nous a offert sur un plateau la suite du scénario. Après les populistes, les complotistes. Puisque les débats sont interdits, c'est qu'il existe une cause cachée... Le documentaire *Hold-Up*, qui a affolé par son succès les sphères du pouvoir, n'est qu'un symptôme du sentiment de relégation d'une part croissante des citoyens.

Car le pendant du mélange des genres entre sphère publique et sphère privée de la part des politiques et des hauts fonctionnaires, qui efface peu à peu la notion de bien commun et l'idée de sa préservation par l'État au nom des citoyens, c'est le contrôle idéologique exercé sur la parole publique. Peu à peu a été évacuée toute forme de remise en cause du système de dérégulation qui s'est imposé à l'ensemble des pays occidentaux. À travers une rhétorique assez bien rodée, quiconque sortait du dogme autorisé était immédiatement renvoyé aux extrêmes par des qualificatifs évoluant au gré des besoins. Dans les années 1980 et 1990, celles de la dérégulation joyeuse, les mauvais coucheurs étaient d'affreux ringards, voués aux poubelles de l'histoire. La chute du mur de Berlin avait tranché : l'avenir était radieux et les mauvais coucheurs – forcément nostalgiques de ce monde écroulé – avaient perdu.

Sur le Vieux Continent, c'est la construction européenne qui permet l'évacuation des peuples, à travers l'Acte unique de 1986, qui fait changer de nature l'Union en la transformant en un gigantesque marché unique organisé autour de la concurrence sociale et fiscale, à la fois avec les pays qui intégreront à terme ce marché et avec le reste du monde. Les différentes strates administratives de l'Union éloignent progressivement la démocratie en la rendant de plus en plus indirecte. Jusqu'à l'évacuation totale du politique. Or, toute forme de remise en cause de cette construction vaut immédiatement ostracisme. Avec une confusion savamment entretenue : être contre cette forme d'union, c'est être contre toute forme d'Union européenne, c'est donc être contre l'idée même d'Europe, c'est donc être pour le repli sur soi, le nationalisme, et finalement la guerre. CQFD.

Hélas, tout craque. Les colères montent. Il faut des coupables. Dans les années 2000, ce seront les « réactionnaires ». Le terme englobe quiconque ne considère pas le système actuel comme le paradis sur Terre. Un livre est chargé de dresser la liste (c'est fou comme les défenseurs du Bien aiment dresser des listes) des intellectuels accusés d'avoir préparé l'arrivée de Jean-Marie Le Pen au second tour de l'élection présidentielle : *Le Rappel à l'ordre. Enquête sur les nouveaux réactionnaires*[1], du politologue Daniel Lindenberg. On y trouve pêle-mêle Marcel Gauchet, Pierre Manent, Régis Debray, Philippe Muray... Tous réactionnaires. Tous, donc, soupçonnés de ne pas être démocrates et de rêver d'un retour à une société d'ordres. Puis, le terme « réactionnaire » s'affaiblit, il en faut un nouveau : ce sera « populiste ». Ces gens qui se réclament du peuple pour mieux détruire nos belles démocraties. Bien entendu, il s'agit d'accoler l'étiquette infamante, non pas seulement à ceux qui défendent l'idée d'un leader charismatique incarnant

1. Le Seuil, 2002.

à lui seul la volonté d'un peuple supposé homogène, soudé contre ses ennemis. Non. Est populiste, là encore, quiconque ne communie pas dans le culte du libre-échange et des instances supranationales. Depuis peu, donc, s'y est ajouté cet autre qualificatif : « complotiste ». La présente analyse, par exemple, parce qu'elle s'interroge sur le fonctionnement de notre démocratie et entend décrypter des mécanismes qui l'ont peu à peu vidée de sa substance, sera immanquablement qualifiée par certains de « complotiste », alors même qu'elle n'entend dévoiler aucun complot, aucun projet caché, puisque tout ce qui est décrit ici est parfaitement visible et identifiable. Vous parlez lobbying ? Complotisme ! Vous analysez le pouvoir des banques, qui ont imposé en 1999 grâce à Bill Clinton la fin du Glass-Steagall Act, interdisant le mélange entre banques de dépôt et banques d'affaires et qui œuvrent pour supprimer le liquide afin d'avoir la main sur la totalité de l'épargne en cas de crise ? Complotisme ! Vous montrez comment la haute administration, en France et en Europe, est totalement acquise à cette idéologie néolibérale au point de se laisser berner par l'impérialisme économique américain ? Complotisme ! Vous dénoncez l'opacité des négociations sur des traités de libre-échange jamais validés par les citoyens ? Complotisme !

Enfin, il est un terme qui résume à lui seul le problème. Un terme qui cristallise les oppositions et constitue le repoussoir absolu. « Souverainiste ». Le terme, employé par les gardiens zélés du temple officiel, est devenu synonyme d'« extrême droite ». Il désignait pourtant dans les années 1990 ceux qui s'étaient opposés au traité de Maastricht au nom de la souveraineté du peuple et de la nation, Philippe Séguin ou Jean-Pierre Chevènement, des gens, donc, peu soupçonnables de complaisance vis-à-vis du Front national. Mais peu importe. Sous la plume d'un Laurent Joffrin ou d'un Franz-Olivier Giesbert, sous celle, surtout, d'un Bernard-Henri Lévy ou d'un Jacques Attali, le souverainisme est un fascisme. Une note de ce dernier, publiée sur son blog en octobre 2019, faisait même du souverainisme (jamais défini et accolé à des personnalités comme Éric Zemmour ou Alain Finkielkraut, qui ne s'en sont jamais réclamées) une forme larvée d'antisémitisme. Peste ! L'argument définitif.

Pourquoi tant de hargne ? Si tant est que quelque chose comme le « souverainisme » existe (le suffixe « isme » laisse croire à une doctrine, voire à un dogme, forcément détaché de toute objectivité), il désigne l'attachement à la notion de souveraineté, dont la Constitution de la Ve République rappelle qu'elle est indissociable de la démocratie. La souveraineté n'est rien d'autre que le pouvoir de décider de son propre destin. C'est tout le sens de cet oxymore fabuleux qu'invente la Révolution française : le « peuple souverain ». Ce peuple, en tant que communauté politique – diverse et plurielle, donc, et non homogène comme le rêvent extrême droite et extrême gauche, mais partageant des valeurs essentielles et non négociables, issues d'une histoire et d'une culture, qui définissent les termes de cette adhésion à la communauté politique –, décide selon le principe majoritaire des choix qui orienteront son existence. Un peuple qui comprend à Valmy que sa souveraineté passe par l'indépendance nationale. Et c'est donc cela qui fait si peur ? L'idée que les citoyens maîtrisent leur destin ? Formidable aveu !

Le mot même de « souveraineté » avait été effacé pendant des décennies du vocabulaire politique. Il était reparu comme un surgissement baroque dans le discours de Philippe Séguin contre le traité de Maastricht, mais il était de bon ton de s'en gausser. Mais voilà, quand on chasse les aspirations démocratiques par la porte, les citoyens les font ressurgir par la fenêtre. Le *Take back control* du Brexit, c'est ce retour de la souveraineté sous sa forme la plus évidente : des citoyens qui ne veulent plus avoir l'impression de subir, et qui se souviennent qu'ils sont potentiellement majoritaires.

On comprend, par la crispation autour du concept de souveraineté, que ce que protègent à tout prix les « intellectuels organiques », c'est ce système fondé sur le dépassement de la démocratie au nom d'intérêts jugés supérieurs. En clair, la démocratie, c'est formidable tant que les citoyens ne cherchent pas à décider par eux-mêmes et tant qu'ils ne se mêlent pas d'économie. La conjonction étrange que nous voyons aujourd'hui, de dérégulation financière, de privatisations continues et de reprise de contrôle des libertés par des lois d'inquisition discrète - pour lutter, bien sûr, contre les horribles *fake news* qui minent la démocratie -, s'explique historiquement. Elle n'est que la traduction politique de l'extension du néolibéralisme à l'échelle de la planète. Pourquoi ? Parce que le mouvement de dérégulation enclenché au tournant des années 1970 par Margaret Thatcher et Ronald Reagan n'a pu s'imposer qu'en affaiblissant systématiquement tout ce qui pouvait lui faire obstacle, et en premier lieu les États-nations. Les économistes de l'école de Chicago se sont employés à répandre la vision d'une économie régie par des lois universelles de la nature, au même titre que la gravitation. Et l'on ne s'oppose pas à la gravitation. On ne vote pas contre la gravitation. On vote dans le cadre d'un monde où existe la gravitation. Le voilà, le fameux « il n'y a pas d'alternative ». Ceux qui savent, ceux qui ont appris les lois de l'économie, prennent les bonnes décisions puisqu'elles sont dictées par ces lois mathématiques. Et ces lois expliquent que la dérégulation, la concurrence généralisée, la libre circulation des capitaux, des marchandises et des hommes, réduits eux-mêmes à l'état de flux, concourent au fonctionnement optimal de la machine.

D'où la mise en place progressive d'instances dont le but est, par-delà les gouvernements élus, de faire appliquer ces règles en surplomb. FMI, OCDE, OMC, et bien sûr Union européenne. Le tout, bien évidemment, pour le développement de la coopération et de la croissance. Le tout, au nom du bien. Les États acceptent d'ailleurs plus ou moins ces régulations. Les États-Unis, ou même l'Angleterre, qui l'a encore prouvé avec le Brexit, n'ont jamais eu l'intention de laisser une entité extérieure leur dicter leur politique. Mais l'Union européenne, et en particulier la France, adore jouer les bons élèves. Résultat : quand l'OMC fait entrer en son sein la Chine, qui de toute évidence ne respecte aucune règle de libre concurrence, l'Union européenne supprime, au bout du processus, les droits de douane sur le textile chinois. L'effet est décoiffant : en trois mois, les importations de pulls chinois bondissent de 450 %. En deux ans, il n'y a quasiment plus d'industrie textile en France. Éradiquée.

L'Union européenne, qui avait été conçue dans un but d'entraide entre les pays de l'ouest du continent, pour constituer un vaste marché intérieur dans lequel chacun pourrait écouler ses excédents, a changé de nature à partir du moment où elle a été soumise à cette idéologie qui se présente comme une non-idéologie, comme la neutralité de la science économique. En 1986, l'Acte unique européen consacre le changement de nature de l'UE, qui devient non plus un marché commun régi par la préférence communautaire, mais un marché unique ouvert à tous les vents de la mondialisation. L'élargissement à l'Est – présenté comme un rattrapage symbolique de cinquante ans de communisme – sera l'occasion de faire entrer dans ce vaste marché des pays aux conditions sociales et salariales telles que vont s'installer au sein de l'Union une concurrence farouche et une pression sur les salaires de l'Ouest. L'industrie se déplace vers les anciens pays communistes, pour celle qui ne part pas dans les pays émergents. Concurrence interne et externe. L'histoire de l'usine Whirlpool, devenue objet de récupération politique pendant la campagne de 2017, en est le symbole. On déplace en Pologne une usine du nord de la France appartenant à une multinationale américaine bénéficiaire pour aller faire fabriquer en Pologne, par des ouvriers ukrainiens moins chers que les Polonais, des sèche-linge destinés au marché français. Le contraire du fordisme du début du XXe siècle et de cette idée de construire des voitures pour les écouler auprès des ouvriers à qui elles rapportent leur paie.

La diffusion de ce dogme dans l'ensemble des élites à partir de la fin des années 1970 est le point aveugle de toute la vie politique depuis quarante ans. Quand Jacques Chirac et Lionel Jospin, en 2002, vont main dans la main au sommet de Barcelone signer la fin des services publics à la française, ils ne font qu'illustrer cette victoire par K.-O. Peu à peu, les grands partis de gouvernement se sont ralliés à cette idéologie, en excluant ou repoussant aux marges tous ceux qui dérogeaient. À droite, le débat sur la construction européenne devient un tabou qui empêche toute réflexion, et finalement tout débat d'idées, d'où la focalisation sur les questions identitaires. C'est le sens même de la « doctrine Buisson » mise en œuvre par Nicolas Sarkozy : puisqu'il est impossible de se distinguer sur les questions économiques dans un paysage politique où tout le monde pense la même chose, faisons du « gros rouge qui tache » sur l'immigration et l'identité. Ce qui aboutit à une double stupidité : développer une doctrine culturelle qui confond République laïque et défense des « racines chrétiennes », comme le Front national, tout en abandonnant à celui-ci le discours social et de défense des services publics et des territoires ruraux. Aberrant.

À gauche, c'est pire encore. On célèbre les Dominique Strauss-Kahn et autres Cahuzac, « brillants économistes », on appelle « frondeurs » ceux qui réclament une politique sociale ou industrielle, pour aboutir finalement à cette quintessence de la dérive du parti dit « socialiste » qu'est le ralliement au macronisme. Ou comment la deuxième gauche devient la première droite. Pendant ce temps, chez lesdits frondeurs, le dogme de l'Europe comme horizon indépassable interdit d'en interroger la dérive néolibérale. Impossible, là aussi, de penser une alternative. Restent les questions sociétales, la focalisation sur les droits individuels et les questions identitaires. Et voilà comment le parti du congrès d'Épinay se trouve réduit à Benoît Hamon et Olivier Faure. Même La France insoumise, qui a donné en 2017 l'impression de pouvoir proposer une critique cohérente du système, se heurte (en plus de la personnalité fluctuante - doux euphémisme - de Jean-Luc Mélenchon et de ses ambiguïtés démagogiques sur les questions identitaires) à ce tabou européen : les errances sur le projet de renégociation des traités sont le signe d'une gauche tétanisée.

Le bilan est tragique économiquement et politiquement. Économiquement parce qu'il aboutit à la destruction systématique de l'industrie dans les pays d'Europe de l'Ouest et du Sud, et à sa concentration - pour ce qui reste - dans les pays de la sphère germanique, selon le principe qui veut que, sans processus de régulation, les déséquilibres se creusent. On se réveille, à l'occasion d'une pandémie mondiale, en s'apercevant qu'un pays qui n'a plus d'industrie est un pays dépendant du bon vouloir de ses voisins. Alors on redécouvre les mots « souveraineté », « indépendance »... Mais il est trop tard. Un million et demi d'emplois industriels détruits en quinze ans.

Politiquement, c'est pire encore. Le pouvoir volontairement abandonné par les politiques est désormais entre les mains de ces instances non démocratiques sous influence des grandes gagnantes du système : ces multinationales déterritorialisées qui savent jouer de la concurrence sociale et fiscale. Les représentants ont volontairement renoncé à représenter les citoyens. Ils se sont dessaisis de cette souveraineté que les peuples avaient remise entre leurs mains. L'effondrement des partis de gouvernement et leur dépassement par le macronisme ne sont que l'aboutissement de ce processus. Et le vocabulaire mis en place par La République en marche l'illustre parfaitement : « bienveillance », « pédagogie »... Tout cela construit un environnement dans lequel il n'y a pas d'autre choix que celui qui est fait par des experts, des « sachants », dont le seul défi est de parvenir à faire comprendre aux citoyens ignorants des enjeux qui les dépassent. Le conflit, les oppositions idéologiques, doivent s'effacer puisqu'il n'y a pas d'alternative. D'où la tendance éminemment autoritaire de ce néolibéralisme affirmé. Il ne souffre pas la contradiction parce que toute contestation est « scientifiquement » illégitime. Ce qui donne, dans la version française d'une hypertrophie de la sphère publique, à travers une haute fonction publique pétrie de cette idéologie, une forme d'autoritarisme étatiste aux allures assez peu libérales, mais incapable de gérer une pandémie qui nécessite autre chose que de produire de la norme au kilomètre. Quand on en est à voter des lois pour encadrer la liberté de parole ou à utiliser les règles de l'état d'urgence pour contrôler des manifestations politiques, on est très loin de Tocqueville ou de Montesquieu… Mais c'est bien toute la différence entre libéralisme et néolibéralisme. La dérégulation économique s'accommode très bien de la réduction des libertés.

C'est donc le fondement même du pacte démocratique qui est abîmé puisque les citoyens sont dépouillés de ce qui les constitue en tant que citoyens : la légitimité à choisir, à arbitrer. La démocratie ne se limite pas à un vote tous les cinq ans et à la liberté d'expression. La démocratie repose sur l'idée qu'une voix vaut une voix et que les experts sont là pour éclairer un choix qui n'appartient qu'aux citoyens, après délibération. En permanence, ce principe est bafoué par l'idée que « le monde est devenu complexe » et que tout cela échappe à ce bas peuple qui est bien mieux devant sa télévision à regarder Cyril Hanouna pendant que des gens véritablement compétents prennent les choses en main.

La destruction du citoyen

Car c'est l'autre bout de la chaîne : d'un côté, on met en place des processus qui permettent que les décisions échappent aux représentants élus, de l'autre on démontre que, de toute façon, tout cela ne regarde pas vraiment des citoyens qui n'ont pas les compétences pour exercer leur rôle. Mieux, on met en place un système qui les occupe et les soulage du souci même de s'intéresser à tout cela. Les plus cyniques, comme Zbigniew Brzeziński, ancien conseiller de Carter puis d'Obama, ont forgé le concept de *titytainement* (contraction de *tits*, les « nichons », et d'*entertainement*, le « divertissement ») pour théoriser la nécessité d'occuper les 80 % de la population mondiale qui seront privés de travail par la révolution numérique. Et l'on repense à cette phrase de Thucydide vantant, à travers Périclès, la démocratie athénienne : « Nous sommes les seuls à penser qu'un homme ne se mêlant pas de politique mérite de passer non pour un citoyen paisible, mais pour un citoyen inutile. »

Chaque organisation politique et sociale crée des types humains. La démocratie, elle, repose sur l'existence de citoyens autonomes et responsables. Pour que s'exerce la souveraineté du peuple, il faut que chaque individu soit lui-même souverain. C'est tout le sens de la devise républicaine : il n'est pas de souveraineté individuelle sans liberté, sans égalité et sans fraternité. C'est l'articulation des trois qui rend possible l'exercice de souveraineté par chacun, qui permet que les citoyens ne soient pas dans un état de dépendance, d'aliénation, qui leur interdise de décider en toute connaissance de cause, pleinement conscients des conséquences de leurs choix.

La République française a poussé la logique à son maximum en faisant de l'école le pilier de l'édifice politique et social. C'est à travers l'émancipation par le savoir et la fréquentation des grands textes littéraires et des grands événements de l'histoire que se forge une communauté de citoyens. La « chose publique », *res publica*, nécessite que les citoyens se sentent impliqués et qu'ils aient les moyens de participer. En cela, la France se veut héritière des Lumières. C'est d'ailleurs toute la différence avec les « démocraties libérales » à l'anglo-saxonne dans lesquelles le libre jeu des individus et des communautés pour faire valoir leur intérêt aboutit à l'émergence du bien commun. En république, il n'y a que des citoyens, c'est-à-dire des individus autonomes et responsables, émancipés par le savoir, délibérant ensemble pour définir ce bien commun. C'est tout le sens de la phrase de Régis Debray : « La démocratie, c'est ce qui reste de la République quand on a éteint les Lumières. » À ceci près que la démocratie est prise là dans son sens faible, et que les démocraties libérales, pour avoir remplacé le libéralisme par le néolibéralisme, sont de moins en moins démocratiques.

La destruction du système scolaire français correspond historiquement à l'extension de l'idéologie néolibérale dans la sphère politique. Fâcheuse corrélation. Mais qui n'est pas seulement une corrélation. La transformation de l'école en un lieu d'épanouissement, et non plus d'émancipation, des individus au nom de théories pédagogiques qui ont montré leur capacité à créer les inégalités qu'elles prétendaient combattre a ouvert la voie à une normalisation du système éducatif français pour l'intégrer au grand marché mondial. Le remplacement des savoirs par les compétences comme objectif premier est au cœur de ce processus. Le concept, porté d'abord par les généreux pédagogues centrés sur l'« enfant au cœur du système », est en fait directement importé du management et constitue le cœur de l'idéologie néolibérale en matière d'éducation : chaque individu est détenteur d'un capital humain qu'il doit faire fructifier pour s'insérer sur le marché mondial. Et le rôle d'un système éducatif est de mettre en place les outils performants qui permettront de développer au mieux les compétences de chacun. Ce modèle est porté par l'OCDE, qui s'emploie depuis les années 1980 à uniformiser les systèmes éducatifs pour les vider de toute dimension nationale et démocratique.

Dans la mesure où les savoirs sont, au sein de ce système, des prétextes pour développer les compétences, ils perdent leur capacité à constituer les individus en forgeant leur vision du monde. Derrière les grands discours sur l'« éducation à la citoyenneté », tout est fait pour que l'école ne soit plus le creuset de la nation mais le lieu de la première fragmentation du corps politique à travers une logique purement individualiste et consumériste. D'où l'incapacité totale de ce système à répondre efficacement aux remises en cause par des élèves ou des parents faisant valoir leur « sensibilité » ou leurs croyances contre les enseignements. Le martyre de Samuel Paty n'est que l'aboutissement ultime de l'abandon par l'institution de sa vocation d'émancipation par la raison et le savoir face à toute forme d'obscurantisme et de déterminisme. Les professeurs qui portent encore le flambeau apparaissent comme des provocateurs inopportuns.

La question qui se pose à nous est aujourd'hui de savoir si les conditions sont encore réunies pour qu'existe une démocratie au sens plein de ce terme. Ce qui est à l'œuvre depuis quelques décennies n'est pas seulement la destruction des instruments permettant de traduire politiquement la volonté majoritaire. C'est également la dissolution de ce qui constitue un peuple en tant qu'entité politique. Le *dèmos* n'a pas seulement un sens légal. Il est cette assemblée de citoyens formant une communauté politique parce qu'ils partagent une histoire, une mémoire, une culture et la volonté de les perpétuer. Il n'existe pas de véritable démocratie sans la volonté de partager un destin commun ni sans la capacité à délibérer pour définir ensemble ce destin. Or le fondement du néolibéralisme est l'atomisation des individus en même temps que le dépassement des États-nations. Créer des « référents laïcité » pour faire oublier qu'un professeur comme Samuel Paty a été abandonné par sa hiérarchie quand il œuvrait pour perpétuer les principes qui fondent notre République, voilà qui risque de ne pas suffire. La destruction du creuset national est un cadeau fait à l'entreprise de déstabilisation systématique de la civilisation européenne qu'est l'islamisme.

L'ensemble de notre organisation économique et sociale est fait pour produire un type humain spécifique, qui n'a plus rien à voir avec le citoyen doué de libre arbitre : le consommateur. Le citoyen s'appuie sur la raison universelle, qu'il partage avec les autres membres du corps politique et qui lui permet d'exercer sa liberté. Le consommateur est mû par les pulsions qu'agitent en lui le marketing et la publicité. Il n'est pas libre mais manipulé, ballotté au gré des stimulations de plus en plus précises qui pénètrent son cerveau et lui dictent ses comportements pour le bénéfice de la machine économique.

Le capitalisme consumériste est donc un système aliénant, au sens où il morcèle l'individu pour en faire un instrument et réduit la liberté au simple droit de faire ce que l'on veut, quand la liberté du citoyen est au contraire un processus d'émancipation. L'individu consommateur est incité à maximiser son bien-être et à rechercher l'extension de ses droits, dans la mesure où ces droits se consomment. Extension des droits et extension du marché fonctionnent de manière parallèle. Et les deux impliquent une logique de créance dans laquelle l'individu réclame au reste de la société ce qui lui est dû. On est aux antipodes de la constitution d'une communauté politique.

Nous voyons aujourd'hui les résultats de cette mutation. Ils sont d'autant plus dramatiques que les réseaux sociaux, qui auraient pu constituer un formidable espace de délibération, une sorte d'agora à échelle des pays modernes, et même du monde, sont, dans un contexte de consumérisme et de délitement du lien social, une jungle où s'expriment les pulsions les plus violentes. Pourquoi ? Parce que la démocratie implique la différence entre espace public et espace privé, qui garantit la liberté des individus de vivre tranquillement, hors du jugement d'autrui, à partir du moment où ils respectent les lois communes. Or c'est exactement l'inverse qui se produit sur les réseaux sociaux puisqu'ils transforment l'espace public en lieu d'étalage de la vie privée. Ils sont en fait une sorte d'extension de l'espace privé à échelle globale. Cela s'explique par la logique éminemment consumériste qui les régit : le « like », le « j'aime/j'aime pas » qui permet d'augmenter sa visibilité transforme chaque individu en attaché de presse de lui-même, jouant sur la pulsion narcissique pour inciter chacun à se mettre en scène. Pire encore, dans ce brouillage malsain des catégories, le pseudonymat construit un entre-deux qui prive le citoyen de ses attributs nécessaires, rationalité et responsabilité. Dans cette jungle virtuelle, rien à assumer. On peut laisser libre cours à ses pulsions les plus abjectes puisqu'il faut une enquête longue et pénible pour retrouver un individu et l'obliger à assumer ses actes. On a inventé l'anneau de Gygès à l'échelle du monde.

Pourquoi le potentiel magnifique des réseaux sociaux comme agora ne peut-il pas se réaliser ? Parce que le principe même d'une agora est d'être un espace public. Les réseaux sociaux sont des lieux dépolitisés car régis par les règles de leurs propriétaires, des multinationales utilisant les datas pour produire une richesse fabuleuse. L'internaute n'est pas un citoyen, mais une machine à enrichir les Gafam sans aucune maîtrise de ce qui devrait lui appartenir en propre, ses datas. Pis, le fonctionnement opaque des algorithmes n'a pour objet que de manipuler les individus pour les soumettre encore davantage à la logique consumériste. À partir du moment où ces algorithmes sont programmés par des entreprises privées, non pas dans le but d'ouvrir l'individu, mais dans le but de lui proposer ce qui lui plaît déjà pour augmenter ses chances de consommer, dans la mesure où l'information même est conçue comme un produit que l'individu va consommer au même titre que des loisirs ou des « produits culturels » (puisque la notion d'œuvre d'art disparaît en même temps), aucune des conditions d'existence d'une démocratie n'est préservée.

On peut même considérer que la puissance des datas permet aux algorithmes de nous connaître mieux que nous-mêmes et de savoir avant nous ce que nous allons désirer. Alors, pourquoi se donner la peine de voter ? Pourquoi préserver cette machinerie complexe qu'est la démocratie, puisqu'il suffit de calculer ce que chacun va vouloir et lui permettre à peu près d'y accéder ? Dans un monde où la politique, le débat d'idées, est conçue comme une grande kermesse soumise aux lois de l'offre et de la demande, on ne voit pas bien pourquoi on s'interdirait de se faciliter la vie. Cette manipulation nous choque quand elle se fait, comme dans le scandale de Cambridge Analytica, au profit d'un méchant populiste comme Donald Trump, mais l'usage des datas dans la campagne de Barack Obama avait été applaudi comme une œuvre de bienfaisance. Et puisque la notion même de puissance publique garante du bien commun n'a plus de sens quand l'« efficience » devient la valeur fondamentale, tout est possible.

Cette notion d'efficience est cruciale puisqu'elle est utilisée par les principaux dirigeants des sociétés de la Silicon Valley pour justifier leurs rêves transhumanistes : les États et la démocratie sont des machineries trop lourdes, mieux vaut s'en remettre à des entreprises qui œuvrent, bien entendu, pour le bien de l'humanité en essayant de vaincre la mort ou de nous proposer des voitures sans pilote qui nous sauveront des accidents.

Nous avons d'ores et déjà remis notre destin entre les mains de monopoles privés capables d'imposer aux États-nations leur volonté. Le Danemark a décidé en 2017 de nommer un ambassadeur auprès des Gafam, prouvant qu'il met sur le même plan des entreprises et des États représentant des peuples. L'incapacité des États et en particulier de l'Union européenne à leur imposer les règles communes, et en particulier la première d'entre elles qui est de s'acquitter de l'impôt, signe l'impuissance - volontaire - de ceux qui sont censés agir au nom des peuples.

Reconquête

Nous sommes à la croisée des chemins. Nous pouvons considérer que l'émergence d'un marché mondial et le flux créé par les outils numériques nécessitent de passer à un autre modèle politique. Que la démocratie telle que nous la concevions, fondée sur l'existence d'une communauté politique formée par des citoyens autonomes et responsables, doués de libre arbitre, n'est qu'une vaste blague. Mais nous pouvons aussi considérer qu'il n'est pas d'autre forme politique acceptable. Et que quiconque aime les hommes, malgré ou à cause de leurs faiblesses, quiconque croit en un progrès possible, ne peut que défendre à tout prix une authentique démocratie, et non ces simulacres qui sont en train de se mettre en place.

Les événements politiques dans l'ensemble des pays développés nous ont montré ces dernières années une formidable aspiration : des peuples ont voulu, par tous les moyens, reprendre leur destin en main et participer à la chose publique. L'être humain aspire à la liberté et se nourrit de la mémoire de ces moments, dans l'histoire, où cette aspiration à la liberté a fait se lever des masses. C'est toute la force de cette mythologie qu'est devenue la Révolution française non seulement en France mais dans le monde entier. Et ce n'est pas un hasard si c'est la référence qui a surgi au moment des Gilets jaunes. On sent bouillonner quelque chose comme une envie de reconquête. De cela peut sortir le meilleur comme le pire.

La radicalisation des opinions, les déferlements de haine ne sont pas seulement le fait de gens enclins à voter pour des populistes manipulateurs. C'est l'ensemble de la société qui voit les logiques de classe autoriser n'importe quel débordement. En France, ces mouvements sont amplifiés par l'absence totale de débouché politique. Le macronisme, en se construisant comme un centrisme autoritaire - en ce sens qu'il occupe la position centrale de l'échiquier politique pour mener une politique à la fois néolibérale et étatiste -, prend le risque de laisser le monopole de la potentielle alternance au Rassemblement national. Et le chantage adressé à ceux qui ont le mauvais goût de souligner les impasses de ce néolibéralisme centralisateur, sur le mode « en affaiblissant Emmanuel Macron, vous faites le lit du populisme et vous souhaitez secrètement la victoire de Marine Le Pen », ne fera qu'empêcher que surgisse autre chose, une potentielle troisième voix à laquelle aspirent une majorité de Français. Mais les tensions croissantes qu'induisent le déséquilibre majeur entre les territoires et l'abandon de pans entiers du corps social peuvent tout aussi bien aboutir à des éruptions violentes dont les Gilets jaunes furent les prémices. Les injustices flagrantes imposées aux indépendants, aux commerçants, aux petits patrons ou aux précaires, à l'occasion des deux confinements, ne seront qu'un peu d'huile ajoutée sur ce feu qui couve. Parce que cette crise sanitaire aboutit à amplifier les phénomènes déjà à l'œuvre avant elle, et le gentil fantasme d'un monde d'après qui devait être fait de circuits courts et de réindustrialisation va inévitablement virer à la victoire des Gafam et à l'éradication des derniers tenants du monde ancien.

Pourtant, une reconquête démocratique est possible. Elle peut même être facilitée par la prise de conscience de l'essoufflement du système néolibéral et par l'évidence de la tragédie que nous préparent la destruction des ressources, la disparition des insectes et des oiseaux, les sécheresses à venir et le potentiel manque d'eau. Tout à coup, échapper à la logique de globalisation du marché devient une urgence. Tout à coup, l'acte de consommation apparaît pour ce qu'il est, un acte politique qui peut servir à favoriser un système plutôt qu'un autre. C'est à ce croisement du politique et de l'économique que se jouera, par la reprise de contrôle des citoyens, la reconquête démocratique. C'est par le local, en reconstituant des bassins économiques à échelle humaine, que l'on sauvera non seulement la planète, mais aussi le lien social et politique.

Mais cette échelle des choix individuels de consommation n'est rien sans une reconstitution de la démocratie à l'échelle institutionnelle et politique. C'est à la puissance publique qu'il appartient de garantir le bien commun et cela ne peut passer que par la reprise en main par les politiques du pouvoir qu'ils ont abandonné en oubliant qu'ils le tenaient du peuple et de lui seul. Cette légitimité, pourtant, donne toutes les forces et toutes les audaces.

Représentation et souveraineté : tels sont les enjeux majeurs des années à venir. Reconstruire la légitimité d'une représentation qui ne trahisse pas les citoyens et garantir l'application de la volonté souveraine du peuple. Certains pensent que l'usage du référendum d'initiative citoyenne résoudrait l'équation en établissant une démocratie directe capable de contourner le blocage de la représentation. Ce n'est qu'un des éléments possibles. Il n'y a pas d'instrument magique et celui-ci pourrait rapidement devenir ingérable en multipliant les freins à toute décision. Il doit donc, si l'on choisit de l'utiliser, accompagner, en s'appliquant sur certains cas précis, une reconstruction d'ensemble des institutions pour rétablir l'équilibre des pouvoirs mis à bas par les détournements de la Vᵉ République. De même, le tirage au sort ne saurait être une panacée. Mais il peut, là aussi dans certains cas, permettre de réimpliquer l'ensemble des citoyens dans la vie démocratique en rompant avec la confiscation de la représentation par une seule classe sociale.

Des pistes existent. Mais elles ne peuvent être explorées que par des gens qui ont foi en l'homme et qui croient profondément que tout être humain, s'il est traité en citoyen, en être responsable, peut donner le meilleur de lui-même. Naïveté ? Le cynisme est l'arme des narcissiques qui aiment à se croire plus lucides que la masse. Les cons, ce sont toujours les autres.

Mais croire en l'homme, c'est avant tout mettre en place un système qui lui permet d'exercer sa liberté. C'est développer les outils de l'émancipation par le savoir, la maîtrise des conditions de consommation autant que des conditions de production. C'est lancer une révolution raisonnable, c'est-à-dire un bouleversement du système, mais appuyé sur la raison et non sur les pulsions, sur la recherche de la juste mesure et non sur les outrances et la violence. Plus difficile ? plus exigeant ? Oui, mais avons-nous encore le choix, si nous voulons éviter que la facture soit trop élevée ? Le temps est venu de faire tomber les nouvelles Bastille.

Table des matières

Composition et mise en pages
Nord Compo à Villeneuve-d'Ascq

Achevé d'imprimer en janvier 2021
sur les presses de Normandie Roto Impression s.a.s.
61250 Lonrai
N° d'impression : 2004346

Imprimé en France

PEFC
10-31-2541

Certifié PEFC

Ce produit est issu de forêts gérées durablement et de sources contrôlées

www.pefc-france.org